D0926641

Martin Luther King Jr.

UNA VIDA DE DETERMINACIÓN

por Sheila Rivera

ediciones Lerner • Minneapolis

Traducción al español: copyright © 2007 por ediciones Lerner
Título original: *Martin Luther King Jr.: A Life of Determination*
Texto: copyright © 2006 por Lerner Publications Company

La edición en español fue realizada por un equipo de traductores nativos de español de translations.com, empresa mundial dedicada a la traducción.

ediciones Lerner
Una división de Lerner Publishing Group
241 First Avenue North
Minneapolis, MN 55401 EUA

Dirección de Internet: www.lernerbooks.com

Las palabras en **negrita** se explican en un glosario en la página 31.

Agradecimientos de fotografías

Las fotografías presentes en este libro se reproducen por cortesía de: © Carol Simowitz, pág. 4; © Hulton-Deutsch Collection/CORBIS, pág. 6; © Bettmann/CORBIS, págs. 7, 10, 14, 15, 19, 20, 22; Archives Collection, Biblioteca Pública de Birmingham, Birmingham, AL, pág. 8; Biblioteca del Congreso, pág. 11; © The Illustrated London News, pág. 12; © Washington Post; reimpreso con la autorización de la Biblioteca Pública de D.C., pág. 16; © Flip Schulke/CORBIS, pág. 17; Archivos Nacionales, págs. 18, 24; © Ted Spiegel/CORBIS, pág. 25; EyeWire by Getty Images, pág. 26. Portada: © Bettmann/CORBIS.

Library of Congress Cataloging-in-Publication Data

Rivera, Sheila, 1970–
        [Martin Luther King Jr. Spanish]
        Martin Luther King Jr. : una vida de determinación / por Sheila Rivera.
            p. cm. — (Libros para avanzar)
        Includes index.
        ISBN-13: 978–0–8225–6237–5 (lib. bdg. : alk. paper)
        ISBN-10: 0–8225–6237–5 (lib. bdg. : alk. paper)
        1. King, Martin Luther, Jr., 1929–1968–Juvenile literature. 2. African Americans–Biography–Juvenile literature. 3. Civil rights workers–United States–Clergy–Biography–Juvenile literature. 4. Baptists–United States–Clergy–Biography–Juvenile literature. 5. African Americans–Civil rights–History–20th century–Juvenile literature. I. Title. II. Series.
        E185.97.K5R57618 2007
        323'.092–dc22   2006006702

Fabricado en los Estados Unidos de América
1 2 3 4 5 6 – JR – 12 11 10 09 08 07

Contenido

La gente celebra el Día de Martin Luther King Jr.

El Día de Martin Luther King Jr.

En enero, los estadounidenses **celebran** un día festivo llamado el Día de Martin Luther King Jr. Este día festivo lleva el nombre de un estadounidense especial. ¿Sabes por qué celebramos este día en su honor?

Martin Luther King Jr. tenía grandes sueños para los estadounidenses.

Estos hombres intentaron impedir que Martin hablara.

Algunas personas trataron de impedir que Martin hiciera realidad sus sueños. No estaban de acuerdo con sus ideas. Pero Martin no se rindió. Estaba **decidido**.

Sólo los blancos se podían sentar en los primeros asientos de los autobuses.

Trato injusto

Cuando Martin era niño, los negros no tenían los mismos derechos que los blancos. Las leyes decían que los negros no se podían sentar con los blancos en restaurantes y en autobuses.

Todos los alumnos de esta escuela eran negros.

Los niños negros y blancos no podían ir a las mismas escuelas.

Martin vio que los afroamericanos eran tratados injustamente.

Los negros debían usar puertas especiales que decían "de color".

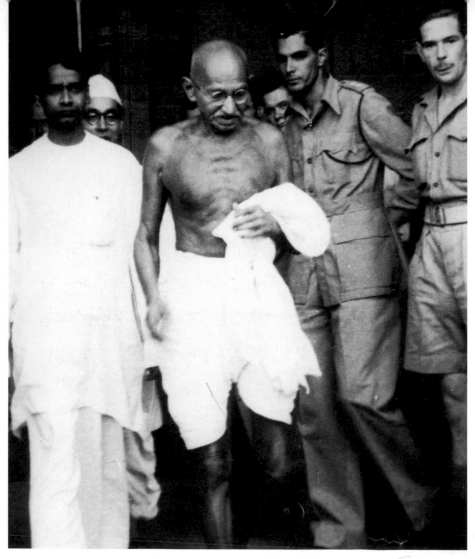

Mahatma Gandhi (centro)

Medios pacíficos

Cuando Martin creció, leyó sobre un hombre llamado Mahatma Gandhi. Gandhi vivía en India. No creía en la lucha. Le enseñaba a la gente cómo **protestar** de manera pacífica contra el trato injusto.

Martin quería ayudar a los negros.

A Martin le gustaban las ideas de Gandhi. Estaba decidido a ayudar a los negros en los Estados Unidos.

Les mostró a las personas cómo podían trabajar juntos para ser tratados de manera justa, sin tener que pelear.

Estas personas querían que las escuelas admitieran a niños blancos y negros.

Martin daba discursos sobre la manera injusta en que se trataba a los negros. Hablaba sobre la paz.

Decía que todos debían ser tratados de
la misma manera. La **raza** o el color de
piel de una persona no deberían importar.

Hubo marchas a favor de la igualdad de derechos.

Martin encabezó a las personas en **marchas** pacíficas. Exigían el trato justo para todos.

Algunos blancos no querían que los negros tuvieran los mismos derechos. Atacaban a los manifestantes.

Algunos blancos les gritaban a los manifestantes.

Oficiales de policía llevan a Martin a la cárcel.

Decidido a ayudar

Algunas personas se enojaron con Martin. La policía lo **arrestó** muchas veces, pero no lograron detenerlo. Martin estaba decidido a lograr cambios en forma pacífica.

Martin da el discurso "Yo tengo un sueño".

El sueño de Martin

Martin dio un discurso famoso en Washington, D.C., el 28 de agosto de 1963. Dijo: "Yo tengo un sueño, de que un día niños y niñas negros serán capaces de unir sus manos con niños y niñas blancos como hermanos y hermanas".

Martin ganó el **Premio Nobel de la Paz**.

Este premio es un gran honor. Se le da a alguien que trabaja para lograr la paz.

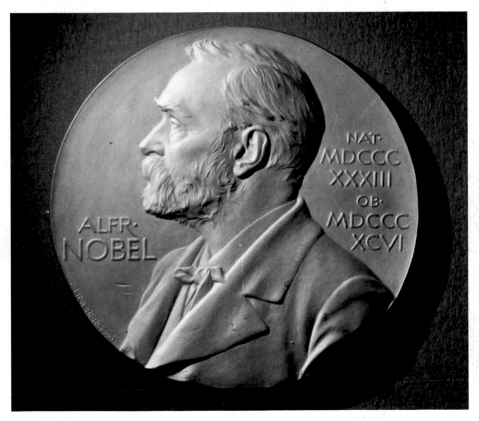

Martin recibió una medalla del Premio Nobel, como ésta.

Ahora, todos pueden trabajar y jugar juntos.

Cambiar el mundo

La decisión de Martin ayudó a cambiar las leyes injustas. Le enseñó a la gente cómo cambiar el mundo de manera pacífica. Por eso celebramos el Día de Martin Luther King Jr.

CRONOLOGÍA DE MARTIN LUTHER KING JR.

1929

Martin Luther King Jr. nace en Atlanta, Georgia, el 15 de enero.

1954

La Corte Suprema decide que ya no se puede seguir obligando a los alumnos negros y blancos a ir a escuelas distintas.

1953

Se casa con Coretta Scott el 18 de junio.

1955

Martin y otras personas en Montgomery, Alabama, protestan por la manera injusta en que se trata a los negros. Se niegan a usar los autobuses de la ciudad por un día.

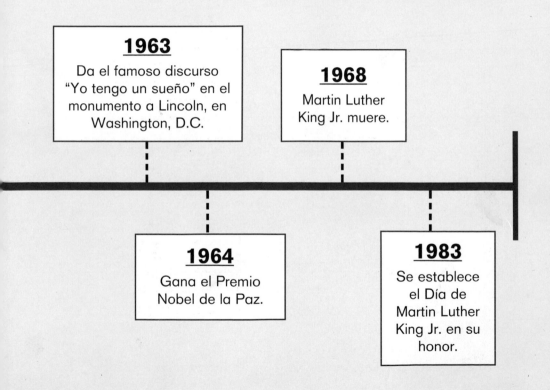

1963
Da el famoso discurso "Yo tengo un sueño" en el monumento a Lincoln, en Washington, D.C.

1968
Martin Luther King Jr. muere.

1964
Gana el Premio Nobel de la Paz.

1983
Se establece el Día de Martin Luther King Jr. en su honor.

Más sobre
Martin Luther King Jr.

- Martin estudió mucho y comenzó la universidad cuando tenía apenas quince años.

- Cuando Martin ganó el Premio Nobel de la Paz, recibió $54,000. Donó parte del dinero a grupos que apoyaban la igualdad de derechos.

- El Día de Martin Luther King Jr. se celebra todos los años, el tercer lunes de enero. Se eligió este día porque es cercano al cumpleaños de Martin.

Sitios Web

The King Center
http://www.thekingcenter.org

Martin Luther King, Jr.
http://www.nps.gov/malu/

Martin Luther King Jr. Day on the Net—The Holiday
http://www.holidays.net/mlk/holiday.htm

Glosario

arrestar: acción por la que la policía lleva a alguien a la cárcel

celebrar: hacer una fiesta u otra actividad en honor a una ocasión especial

decidido: firme al perseguir un objetivo

marchas: grupos de personas que caminan juntas con un objetivo

Premio Nobel de la Paz: premio honorífico entregado a una persona por su trabajo a favor de la paz

protestar: expresar un fuerte desacuerdo

raza: rasgos físicos compartidos por un grupo de personas, que se transmiten de generación en generación

Índice